Los Angeles Feuerwehr Autos

Cristina Berna und Eric Thomsen

2025

Los Angeles Feuerwehr Autos

Cristina Berna und Eric Thomsen

Copyright ©2025 by **Cristina Berna and Eric Thomsen**

Alle Rechte vorbehalten. Ohne Einschränkung der oben genannten Urheberrechte darf kein Teil dieser Veröffentlichung ohne vorherige schriftliche Genehmigung des Urheberrechtsinhabers und des oben genannten Herausgebers dieses Buches in irgendeiner Form oder mit irgendwelchen Mitteln (elektronisch, mechanisch, durch Fotokopieren, Aufzeichnen oder auf andere Weise) reproduziert, in einem Abfragesystem gespeichert oder eingeführt oder übertragen werden.

Die Bilder der Drucke sind in ihrem Ursprungsland und in anderen Ländern und Gebieten gemeinfrei, in denen die Urheberrechtsdauer die Lebenszeit des Autors plus 100 Jahre oder weniger beträgt oder weil eine Lizenz erteilt wurde. Dieses Buch darf nicht verkauft werden, wenn dies nicht gestattet ist.

US ISBN 978-0-9112-8796-7

This volume is available in color print in the United States under ISBN 978-2-9301-1822-2

"I pledge allegiance to the flag of the United States of America, and to the republic for which it stands, one nation under God, indivisible, with liberty and justice for all."

„Ich schwöre Treue auf die Flagge der Vereinigten Staaten von Amerika und auf die Republik, für die sie steht, eine Nation unter Gott, unteilbar, mit Freiheit und Gerechtigkeit für alle."

Einleitung

Die Feuerwehr von Los Angeles wurde in letzter Zeit mit enormen Herausforderungen konfrontiert und es ist ganz natürlich, sich für ihre Ausrüstung und ihre heldenhaften Feuerwehrleute zu interessieren.

Feuerwehrautos gehören zu den interessantesten Fahrzeugen überhaupt!

Sie sind wunderschön lackiert, haben auffälliges Chrom und all diese interessante Ausstattung.

Feuerwehrautos haben sehr auffällige Lichter, starke und abwechslungsreiche Hupen und Sirenen und einige von ihnen haben sogar noch Klingeln!

Feuerwehrautos dienen dem Dienst an der Öffentlichkeit – sie kommen Ihnen zu Hilfe, wenn Ihr Haus brennt oder ein Unfall passiert ist.

Wir ehren alle Feuerwehrleute und Rettungskräfte an diesem 4. Juli 2025 und hoffen, dass Ihnen unsere Fotoauswahl gefällt.

Cristina & Eric

An diesem 4. Juli 2025 ehren wir alle Feuerwehrleute und Rettungskräfte.

Nr 1

Feuerwache Nr. 92, West Pico Blvd, Los Angeles, 19. August 2024. Pico Boulevard ist eine wichtige Straße in Los Angeles, die vom Pazifischen Ozean am Appian Way in Santa Monica bis zur Central Avenue in Downtown Los Angeles verläuft.

Nr 2

Feuerwehrdrehleitern in Los Angeles, 5. Februar 2007. Die Feuerwehr von Los Angeles schützt eine vielfältige und anspruchsvolle Gemeinde. Die Stadt Los Angeles ist ziemlich einzigartig, mit Flughäfen, Häfen, Wolkenkratzern, dichten Wohngebieten – insgesamt 179! – ganz zu schweigen von sanften Hügeln und mit Gestrüpp bewachsenen Canyons. Um all das zu schützen, ist eine Vielzahl von speziellen Geräten zur Brandbekämpfung und Lebensrettung erforderlich.

Nr 3

Feuerwehrfahrzeug North La Brea Avenue, 14. Juli 2023. Die wichtigsten Notfallressourcen der LAFD sind Feuerlösch- und Rettungsgeräte. Bei Bränden, Erdbeben, Verkehrsunfällen oder anderen Notfällen werden die Feuerwehr- und Rettungsressourcen der Abteilung in Aktion gesetzt.

Nr 4

Feuerwehrfahrzeug. Figueroa Street, Los Angeles, 13. Juli 2022. Die LAFD betreibt eine Reihe von Drehleiter-Feuerwehrfahrzeugen – im LA-Feuerwehrjargon „Truck Companies" genannt. Allerdings werden diese leistungsstarken Geräte selten für den alleinigen Einsatz eingesetzt. Normalerweise wird eine Truck Company mit einem einzigen Motor in einer Konfiguration betrieben, die als „Light Force" bezeichnet wird. Oder wenn sie mit zwei Motoren betrieben wird, wird der Begriff „Task Force" verwendet.

Nr 5

Feuerwehrleute der Feuerwehr von Los Angeles ziehen ihre Ausrüstung an, um sich auf die Bekämpfung eines Hausbrandes in Mar Vista, Westside, Los Angeles, vorzubereiten, 29. Oktober 2009. LAFD Engine Company – alle LAFD Engines sind Dreifachkombinationsgeräte, d. h. sie können Wasser pumpen, Schläuche tragen und verfügen über einen Wassertank.

Nr 6

LAFD-Löschfahrzeug 11 im MacArthur Park in der Alvarado Street, 18. Oktober 2015. Diese leistungsstarken Löschfahrzeuge, die von Feuerwehrleuten allgemein „Triples" genannt werden, bilden das Herzstück des Brandschutzsystems der Stadt. LAFD-Löschfahrzeuge sind speziell für die vielfältigen Anforderungen der Stadt Los Angeles konzipiert.

Nr 7

Feuerwehr von Los Angeles Auto Marke Seagrave, 28. Mai 2018. Die Leistung eines Seagrave unter harten Einsatzbedingungen ist unübertroffen, da er geringen Wartungsbedarf und eine hohe Betriebsdauer aufweist und somit den besten Lebenszykluswert bei Feuerwehrgeräten bietet.

Nr 8

LAFD E95 am KLAX, 25. Juli 2014. Viele sind überrascht, wie beschäftigt die Männer und Frauen der LAFD rund um die Uhr am Los Angeles International Airport sind, wo wir drei aktive Feuerwachen auf dem Flughafengelände haben. Die LAFD überwacht die Lebenssicherheitsbedürfnisse von mehr als 84 Millionen Passagieren und einer großen Zahl von Mitarbeitern und Vertragspartnern, die jährlich den Flughafen passieren oder dort arbeiten.

Nr 9

Drehleiterfahrzeug der Los Angeles Fire Department (LAFD) – Nr. 27. Das Fahrzeug ist ein „Traktor-gezogenes Drehleiterfahrzeug" mit separater Hinterradlenkung. 15. Juli 2008. Bei Betrieb mit zwei Motoren wird der Begriff „Task Force" verwendet. Das Task-Force-Konzept wurde während der Watts-Unruhen 1965 entwickelt, um Feuerwehrleuten mehr Flexibilität bei der Ausführung ihrer Aufgaben zu ermöglichen. Heute haben die Konzepte Task Force und Light Force weiterhin ihre Berechtigung, aber ihre Rolle kann sich ändern, da die Abteilung weiterhin neue Methoden für einen effizienten und effektiven Einsatz findet.

Nr 9

Drehleiterfahrzeug der Los Angeles Fire Department (LAFD) – Nr. 27. Das Fahrzeug ist ein „Traktor-gezogenes Drehleiterfahrzeug" mit separater Hinterradlenkung. 15. Juli 2008. Eine Light Force wird für eine Vielzahl von Notfällen eingesetzt, von Gebäudebränden über Verkehrsunfälle bis hin zu Herzstillständen (Mannschaft ist bei Herznotfällen sehr wichtig). Feuerwehrleute wechseln von Position zu Position, sodass sie mit jedem „Punkt" auf jedem Fahrzeug und den damit verbundenen Aufgabenbeschreibungen und Anforderungen vertraut sind. Die Rolle der Task Force kann sich weiterentwickeln, da die LAFD versucht, ihre Fähigkeit zu verbessern, auf jede Art von Vorfall effektiv zu reagieren.

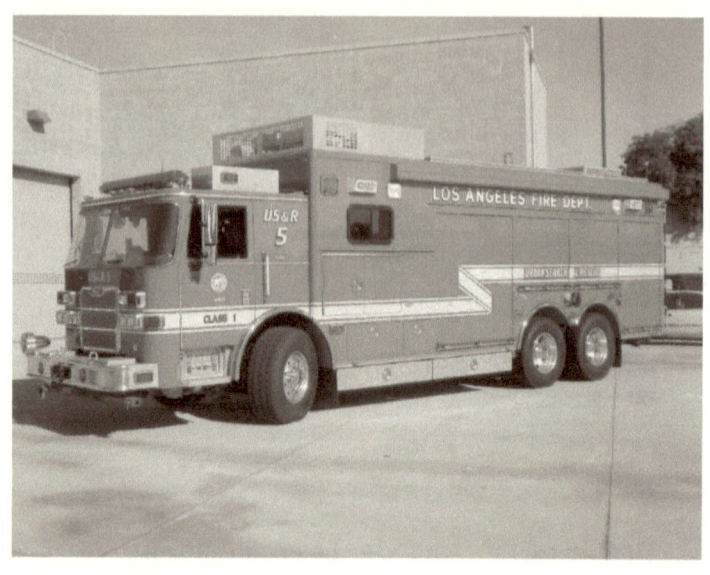

Nr 10

LAFD USAR Nr. 5 im Großraum Westchester/LAX in Los Angeles, 12. März 2011. Bei einem größeren Zwischenfall sind die Teams Urban Search And Rescue (USAR) und International Search and Rescue (ISAR) auf die Suche und Befreiung eingeschlossener Personen spezialisiert.

Nr 11

Feuerwehrchef LAFD 4, 29. Juni 2022. Die Einsatzkommandos der Feuerwehr von Los Angeles können sich mit ihren mobilen Einsatzfahrzeugen schnell (und sicher) überall in der Stadt bewegen. Größere Notfälle können den Einsatz der mobilen Einsatzfahrzeuge der Feuerwehr erfordern.

Nr 12

Das Löschfahrzeug 77 der Feuerwehr von Los Angeles am Brandort der King Iron Works, 14. August 2020. Ursprünglich bezog sich „Löschfahrzeug" ausschließlich auf „Pumpe", das wichtige Werkzeug, um Wasser zu einem Feuer zu bringen. Heute sind „Feuerwehrfahrzeuge" die Fahrzeuge der Feuerwehr, die Wasser pumpen. Der Begriff „LKW" ist anderen Fahrzeugtypen vorbehalten, die normalerweise eine oder mehrere Leitern haben.

Nr 13

Schwere Rettung der Feuerwehr von Los Angeles 3, 14. August 2020 Die Feuerwehr von Los Angeles betreibt diesen speziellen Abschleppwagen als „Heavy Rescue" von der Feuerwache 56 in der LA-Gemeinde Silverlake aus. Dieses riesige Gerät ist in einer Vielzahl von Situationen nützlich, unter anderem zum Aufrichten umgekippter Sattelschlepper, zum Auseinanderziehen zerquetschter Fahrzeuge und zum Anheben schwerer Gegenstände. Eines der Dinge, die die Feuerwehrleute, die den Heavy-U (das Gefährt hieß früher Heavy Utility) betreiben, tun, ist ihr Bezirk.

Nr 14

LAFD Sheldon East am Ort eines Gebäudebrandes, 14. August 2020. Trotz heruntergefallener Hochspannungsleitungen und fast dreistelliger Hitze löschten 87 Feuerwehrleute des LAFD den Großalarm #SheldonFire in nur 62 Minuten vollständig und beschränkten die Flammen auf das 50 x 200 Fuß große, einstöckige, metallverkleidete Gebäude mit Polstermöbeln. Das Feuer konnte geschickt daran gehindert werden, angrenzende Gebäude zu beschädigen. Es gab keine Verletzten.

Nr 15

Die LAFD heißt während einer Zeremonie auf Terminal Island – Drill Tower 40 43 neue Mitglieder in ihren Reihen willkommen. Die Rekruten erhielten ihre Abzeichen und führten am 20. August 2015 Übungen für Freunde und Familie durch. Terminal Island wurde 1909 von der Stadt Los Angeles annektiert. Die Feuerwache Nr. 40 befindet sich in der 406 Tuna Street, Terminal Island.

Nr 16

2.500 Gallonen Wassertanker 308 LAFD-Wasserwagen, LAFD Suppert Services, 14. Mai 2011. Die LAFD nutzt Wassertanker zur Unterstützung der Brandbekämpfung in Situationen, in denen die Wasserversorgung beeinträchtigt sein könnte. Dies ist ein neues Beispiel für einen Wassertanker der LAFD. Dies ist einer von zwei identischen 2500 Gallonen-Tanks, die von KME (Kovatch) auf einem 2010er Peterbilt-Fahrgestell nach den anspruchsvollen Spezifikationen der Feuerwehr von Los Angeles gebaut wurden. Und obwohl diese Wassertanker einer bestimmten Feuerwache zugewiesen sind, versorgen sie die gesamte Stadt Los Angeles. Sie stehen auch für gegenseitige Hilfseinsätze für Gemeinden zur Verfügung, die mit der LAFD zusammenarbeiten und kooperieren.

Nr 17

Feuerwehr von Los Angeles, 3. Oktober 2014. Feuerwachen sind ausschließlich für die Unterbringung von Feuerwehrpersonal (Feuerwehrleuten) und der entsprechenden Ausrüstung konzipiert und vorgesehen, um den Kunden in ihrem jeweiligen Einsatzgebiet schnellstmöglich helfen zu können. Die Feuerwehrleute in allen 106 Feuerwachen der Stadt reagieren auf Verkehrsunfälle, Schlaganfälle, Herzinfarkte und natürlich Brände.

Nr 18

Foto vom Palisades-Brand, der am 8. Januar 2025 in der Stadt Los Angeles ausbrach. Zum Zeitpunkt des Schreibens war der Brand noch aktiv, 6.770 Gebäude wurden zerstört und 25 Zivilisten kamen ums Leben. Er hat unglaubliches menschliches Leid und finanzielle Verluste verursacht. Der Wiederaufbau wird schwierig sein. Es dauert ein Jahr, um Genehmigungen zu bekommen, und bei der Küstenkommission könnte es noch zwei weitere Jahre dauern.

Nr 19

Feuerwehrauto von Los Angeles, 3. Oktober 2014. Alle LAFD-Fahrzeuge sind Dreifachkombinationsfahrzeuge, das heißt, sie können Wasser pumpen, Schläuche transportieren und verfügen über einen Wassertank. Diese leistungsstarken Feuerwehrautos, die von Feuerwehrleuten allgemein „Triples" genannt werden, bilden das Herzstück des Brandschutzsystems der Stadt. LAFD-Fahrzeuge sind speziell für die vielfältigen Anforderungen der Stadt Los Angeles konzipiert.

Nr 20

Foto vom Palisades-Feuer, das am 8. Januar 2025 in der Stadt Los Angeles ausbrach. Zum Zeitpunkt des Schreibens erreichte das Feuer den Südosten von Palisades Drive und Pacific Palisades, Los Angeles County. Präsident Trump sagte am 24. Januar 2025 nach einer Besichtigung des Gebiets: „Ich glaube, man kann erst begreifen, wie schlimm und verheerend es ist, wenn man es sieht."

Nr 21

Feuerwehr, Los Angeles, 25. Juli 2015. Zu den besonderen Merkmalen der Dreifachmotoren des LAFD gehören Scheibenbremsen an allen vier Rädern, ein in die Einheit integrierter Bürstenkasten (für Waldbrandausrüstung) (anstatt oben drauf zu sitzen und so für mehr Luftwiderstand und verringerten Kraftstoffverbrauch zu sorgen) sowie erweiterte Beleuchtungs- und Monitorsteuerungen.

Nr 22

Foto vom Palisades-Feuer, das am 8. Januar 2025 in der Stadt Los Angeles ausbrach. Zum Zeitpunkt der Abfassung dieses Artikels hatte das Feuer mindestens 23.448 Acres erreicht. Viele Gebäude waren leider nicht versichert, da die Policen nicht an die neuen Bedingungen angepasst worden waren.

Nr 23

Feuerwehr von Los Angeles, 24. August 2008. Jeder Bataillonschef der LAFD ist für eine Gruppe von Feuerwachen in einem geografischen Gebiet von normalerweise 20 bis 30 Quadratmeilen Größe verantwortlich. Ein Bataillon hat zwischen fünf und acht Feuerwachen. Der Bataillonschef ist für die Brandbekämpfung/Notfallminderung innerhalb seines Bataillons verantwortlich. Ein Stabsassistent des „Kommandoteams" unterstützt den Bataillonschef bei kritischen Verfolgungs- und Ressourcenmanagementfunktionen in jedem Notfall.

Nr 24

Foto vom Palisades-Brand, der am 8. Januar 2025 in der Stadt Los Angeles ausbrach. Trump sagte am Freitag, den 24. Januar 2025, dass er die Bundesgenehmigungen für den Wiederaufbau in der Gegend aufheben werde. „Ich werde der Präsident sein, der Ihnen hilft, das Problem zu beheben", sagte er. „Wir werden alle Bundesgenehmigungen aufheben ... Denn eine Bundesgenehmigung kann 10 Jahre dauern ... wir wollen uns keine 10 Tage Zeit lassen."

Nr 25

Feuerwehr von Los Angeles, American LaFrance, 28. Mai 2018. Die Feuerwehr der Stadt Los Angeles verfügt über etwa 18 der 100 Fuß langen, traktorgezogenen Hebebühnen von American LaFrance, und zu ihrer Flotte gehören über 50 Feuerwehrfahrzeuge von American LaFrance.

Nr 26

Foto vom Palisades-Brand, der am 8. Januar 2025 in der Stadt Los Angeles ausbrach. Zu den bedauerlichen Vorfällen zählen in einigen Gegenden fehlendes Wasser in den Hydranten und Brandstiftungen. Die Stadt Los Angeles erklärt, dass das System nicht mit ausreichender Kapazität ausgelegt war und Palisades Highlands schnell verloren ging.

Nr 27

Sonntagmorgentraining der Feuerwehr von Los Angeles in der Innenstadt von Los Angeles, 27. Februar 1977

Die American LaFrance Century Series wurde 2008 aus dem aktiven Dienst der Feuerwehr genommen. Die letzte war in der Feuerwache 140 in Leona Valley im Einsatz.

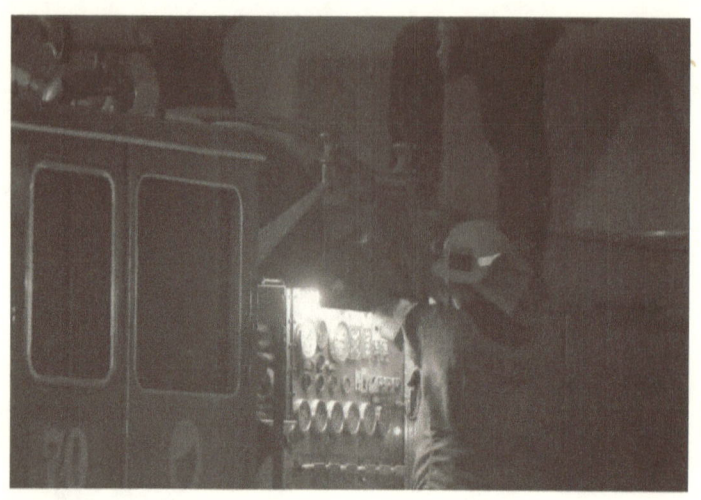

Nr 28

Foto vom Palisades-Brand, der am 8. Januar 2025 in der Stadt Los Angeles ausbrach. Es ist der verheerendste Brand in der Geschichte von Los Angeles. Immobilienmakler sagen voraus, dass 70 Prozent der Hausbesitzer leider nicht zurückkehren können, da sie stark unterversichert waren und die Kosten für den Wiederaufbau etwa 1.000 Dollar pro Quadratmeter betragen.

Nr 29

Drehleiterfahrzeug der Feuerwehr Los Angeles, 24. Oktober 2012 Ehemaliges Fahrzeug der Feuerwehr Los Angeles (LAFD), stationiert bei der Feuerwache 27 im Stadtteil Hollywood von Los Angeles. Amerikanisches LaFrance-Modell Eagle LTI 100', hergestellt 2001 und außer Dienst gestellt 2020. Fahrzeugidentifikationscode: 60601. Rettungshöhe: 100 Fuß (30,48 m) und Leiterpinne montiert. Wassertank: 300 Gallonen (1.150 Liter), Pumpe: Mid-Ship-Pumpe von Hale.

Nr 30

Foto vom Palisades-Brand, der am 8. Januar 2025 in der Stadt Los Angeles ausbrach. Der Brand zerstörte große Teile von Pacific Palisades vollständig; fast alle Gebäude im Gebiet nördlich des Sunset Boulevards brannten bis auf die Grundmauern nieder. Mit Ausnahme des Einkaufszentrums Palisades Village wurde der Großteil der Innenstadt des Viertels dem Erdboden gleichgemacht.

Nr 31

Truck LAFD, West Hollywood, 8. Juli 2023. ALS-Rettungswagen (Advanced Life Support). Die ALS-Rettungswagen des LAFD sind mit zwei Feuerwehrleuten/Sanitätern besetzt. Die numerische Unterscheidung zwischen einem ALS- und einem BLS-Rettungswagen (Basic Life Support) ist optisch leicht zu erkennen. Alle BLS-Rettungswagen des LAFD sind in der „800er"-Reihe nummeriert.

Nr 32

Foto vom Palisades-Feuer, das am 8. Januar 2025 in der Stadt Los Angeles ausbrach. Wichtige Wasserspeicher blieben aufgrund der Wasserwirtschaftspolitik, einschließlich der Einleitung ins Meer und in die Landwirtschaft, ohne Wasser. Die Ermittler haben die felsigen Steilküsten mit weitem Blick auf den Pazifischen Ozean als Ausgangspunkt des Palisades-Feuers ausgemacht, des Infernos, das mindestens 5.000 Häuser und Geschäfte zerstört und mindestens 25 Zivilisten getötet hat.

Nr 33

Catalina Islands, Kalifornien, 11. Mai 2007 - Seeleute der Assault Craft Unit Five (ACU) 5 unterstützen die Feuerwehr des Los Angeles County dabei, ihre Löschausrüstung und ihr Personal an Bord eines US-amerikanischen Landing Craft Air Cushion (LCAC) nach Catalina Island zu bringen, um dort bei der Bekämpfung eines gewaltigen Waldbrandes zu helfen. Der Brand auf Catalina Island hat bisher mehr als 4.000 Acres verwüstet und ist einer der größten Brände dort seit Jahren.

Nr 34

Los Angeles Fire Station 51, in Los Angeles, Universal Studios Hollywood, 1. Mai 2012. Da Universal City tatsächlich eine Stadt ist, muss es eine eigene Feuerwache haben. Dies ist einer der ersten Orte, die man auf dem vorderen Gelände sieht, und wenn man nach der Anzahl der Brände bei Universal im Laufe der Jahre urteilt, sind sie gut beschäftigt. Die Feuerwache ist nach der Station in der Fernsehserie Emergency! benannt.

Nr 35

Feuerwehrwagen der Feuerwehr von Los Angeles auf der Western Avenue, 31. August 2007. Dieses Pierce-Pumpfahrzeug fasst 500 Gallonen Wasser und verfügt über eine Waterous Midship-Pumpe mit einer Kapazität von 1750 Gallonen pro Minute plus Schaum. Es verfügt über einen Cummins X12-Motor mit 455 PS.

Nr 36

Foto vom Palisades-Feuer, das am 8. Januar 2025 in der Stadt Los Angeles ausbrach. Zur gleichen Zeit hatte die Südküste „acht Monate ohne messbaren Niederschlag" erlebt, und in weiten Teilen der Region herrschte eine mäßige Dürre.

Nr 37

Feuerwehrauto in Beverly Hills, Kalifornien, 24. Februar 2012 Die Feuerwehr von Beverly Hills betreibt die drei Feuerwachen der Stadt und rückt zu über 7.000 Einsätzen pro Jahr aus. Es gibt 97 Feuerwehrleute und Zivilpersonal und die Feuerwachen sind das ganze Jahr über rund um die Uhr besetzt.

Nr 38

Sheriff und Feuerwehr, 15. Mai 2008. In den Gemeinden des Los Angeles County, die nicht zu Städten zusammengefasst sind, sorgt das Los Angeles County Sheriff's Department für die Strafverfolgung und betreibt die Bezirksgefängnisse und Gerichte.

Nr 39

Los Angeles County, Kalifornien, 20. November 2003 – Ein Feuerwehrmann des Los Angeles County bedient die Pumpe, um die Wasserversorgung anderer Feuerwehrleute bei der Bekämpfung eines Garagenbrandes aufrechtzuerhalten.

Nr 40

Das Urban Search and Rescue 103 der Feuerwehr des Los Angeles County wird am 23. Februar 2008 am Public Safety Day in der Stadt Lakewood ausgestellt. Die Heavy Rescue Unit 103, ein Kenworth T880, ist aufgrund ihrer Stärke und Stabilität, fortschrittlichen Technologie, präzisen Funktionalität und Anpassungsfähigkeit an eine breite Palette von Notfällen, die von Naturkatastrophen bis zu Industrieunfällen reichen, eine wichtige Ressource der Feuerwehr des Los Angeles County.

Nr 41

Los Angeles County, CA, 20. November 2003 - Feuerwehrleute des L.A. County wechseln nach einem Hausbrand Luftflaschen aus, 21. November 2003

Nr 42

Foto vom Palisades-Feuer, das am 8. Januar 2025 in der Stadt Los Angeles ausbrach. Viele Prominente haben ihre Häuser verloren und die Bewohner sind in kritischem Zustand. Mehr als die Hälfte des Fuhrparks des LAPD stand in Depots und wartete auf Reparaturen, die aufgrund von Budgetkürzungen der Abteilung eingestellt wurden. Bilder in der Daily Mail zeigen 100 von 187 Fahrzeugen, die unbenutzt auf einem Parkplatz stehen.

Nr 43

Feuerwehrwagen der Feuerwehr von Glendale auf Einsatzfahrt an der Grenze zwischen Glendale und Burbank, 18. Januar 2015. Dies ist ein Pierce Quantum. Der Pierce Quantum wurde erstmals 1995 vorgestellt und 2005 neu gestaltet. Der Quantum wurde zusammen mit dem Arrow XT von allen offiziellen Pierce-Websites entfernt, was darauf hindeutet, dass die Produktlinie eingestellt wurde. Die letzten Quantums wurden Anfang 2025 ausgeliefert.

Nr 44

Geschwindigkeitsüberschreitung bei einem Fahrzeug der Feuerwehr des Los Angeles County, 7. Juni 2015. Vorausgesetzt, Feuerwehrautos und Krankenwagen haben einen Grund, ihre Lichter anzuschalten, was auf einen Notfall hindeutet, werden sie nicht wegen Geschwindigkeitsüberschreitung bestraft. Während Feuerwehrautos und Krankenwagen aus offensichtlichen Gründen auch bei der Reaktion auf Notfälle nicht gefährlich fahren können, kann es gerechtfertigt sein, dass sie zu schnell fahren oder Stoppschilder missachten.

Nr 45.

Engine 45 und Paramedic Squad 45 der Feuerwehr von Los Angeles County reagieren auf einen Notruf mit dem Rettungswagen 157. 2. Mai 2008. Ein medizinischer Notfall ist eine akute Verletzung oder Krankheit, die ein unmittelbares Risiko für das Leben oder die langfristige Gesundheit einer Person darstellt, manchmal auch als Situation bezeichnet, in der „Leben oder Gesundheit" gefährdet ist. Bei Trauma-Notrufen können Beamte sowohl für die Erste Hilfe entsandt werden, bis der Rettungsdienst eintrifft, als auch, falls nötig, die Ursache des Traumas untersuchen.

Nr 46

Foto vom Palisades-Brand, der am 8. Januar 2025 in der Stadt Los Angeles ausbrach. Am 8. Januar um 0:29 Uhr hieß es in einem Statusbericht von CAL FIRE, der Brand habe sich auf 2.921 Acres (1.182 ha) ausgeweitet. Stunden später wurden 1.400 Feuerwehrleute zum Brand abkommandiert, der sich weiter ausbreitete, da mehrere Verletzte gemeldet wurden, darunter ein 25-jähriger Feuerwehrmann mit einer „schweren Kopfverletzung".

Nr 47

Die Feuerwehr des Los Angeles County führt am 5. November 2015 auf dem Los Angeles River am Lankershim Boulevard Rettungsübungen durch. Das Swift Water Rescue Team der LAFD besteht aus mehr als nur Geräten, sondern aus Feuerwehrleuten mit Spezialausbildung und Spezialausrüstung. Sie werden zu Überschwemmungen oder Situationen entsandt, in denen eine Person oder ein Tier in reißendem Wasser gefangen ist.

Nr 48

Foto vom Palisades-Brand, der am 8. Januar 2025 in der Stadt Los Angeles ausbrach. Zehntausende Menschen wurden durch die anhaltenden Brände in Südkalifornien obdachlos. Eine Woche nach Ausbruch der Brände in Palisades und Eaton können viele immer noch nicht in ihre Häuser zurückkehren oder sitzen in Häusern in Evakuierungszonen ohne Versorgungseinrichtungen fest. Präsident Trump hat die Stadt aufgefordert, ihnen die Rückkehr zu gestatten.

Nr 49

Feuerwehrleute wechseln einen platten Reifen an einem Quint der Feuerwehr des Los Angeles County, 1. März 2008. Mehrere Medien berichteten von einer Kontroverse über die Reihen von möglicherweise 100 ungenutzten Fahrzeugen, die sich verschärft habe, nachdem bekannt wurde, dass Bürgermeisterin Karen Bass das Budget der LAFD um 17 Millionen Dollar gekürzt habe.

Nr 50

Feuerwehrauto 94 des Los Angeles County vor seiner Station in Lakewood, 30. Januar 2008. Die Feuerwehr des Los Angeles County bietet Notfallmedizin, Feuerwehr- und Rettungsdienste sowie Zufluchtsdienste für das nicht rechtsfähige Los Angeles County und für Vertragsstädte.

Nr 51

Feuerwehrfahrzeug 23 des Los Angeles County in der Stadt Bellflower, 17. November 2007. Der Brandschutz im Dorf Bellflower wird vom Bellflower Fire Protection District (BFPD) gewährleistet. Die Dienste der Emergency First Responder (EFR) wurden 2017 verfügbar.

Nr 52

Foto vom Palisades-Feuer, das am 8. Januar 2025 in der Stadt Los Angeles ausbrach. Südkalifornien kämpft seit dem 7. Januar 2025 mit einer Welle von Waldbränden. Über 20.000 Hektar Land wurden verbrannt, 28 Menschen kamen ums Leben und über 16.000 Häuser und Gebäude gingen vollständig verloren.

Nr 53

LA County Emergency Medical Service, 13. Juli 2022. Los Angeles County verfügt über eines der größten Rettungsdienste des Landes und ist als eines der ersten, das entwickelt wurde, national und weltweit als führend auf dem Gebiet der präklinischen Versorgung bekannt. Das System beschäftigt über 18.000 zertifizierte Rettungskräfte, die bei Feuerwehren, Polizei, Krankenwagenunternehmen, Krankenhäusern und privaten Organisationen angestellt sind, um Bedürftigen rund um die Uhr lebensrettende Hilfe zu leisten.

Nr 54

Rettungsfahrzeug der LACoFD-Rettungsschwimmer, Royal Palms State Beach, San Pedro, 25. Oktober 2014. Die Los Angeles County Lifeguards dienten als Vorbild für die erfolgreiche Fernsehserie Baywatch. Die Los Angeles County Lifeguards sind der größte professionelle Rettungsschwimmerdienst der Welt und beschäftigten im Jahr 2021 174 Vollzeit-Rettungsschwimmer und 614 freiwillige Rettungsschwimmer.

Nr 55

Oshkosh Striker 3000 am Flughafen Long Beach, Los Angeles County. KLGB ARFF Rescue 3. 26. März 2009. Durch die Kontrolle der Geschützturmhöhe und der Flüssigkeitsflussrichtung können Feuerwehrleute dazu beitragen, die Personen zu schützen, die das Flugzeug über die Notrutschen verlassen, indem sie eine Wasserbarriere bilden, um die Personen auf der anderen Seite vor den Flammen zu schützen. Diese Anlage ermöglicht die Eindämmung von Bränden durch brennbare Flüssigkeiten oder andere Arten von Notfalllösungen mit zusätzlichen Schutzfunktionen.

Nr 56

Ein an die Feuerwehr von Los Angeles vermieteter Erickson S-64 Air-Crane-Hubschrauber kehrt mit ausgefahrenem Feuerlöschschlauch zum Flughafen Van Nuys (VNY/KVNY) zurück, 17. September 2012. Flugbetrieb – die LAFD betreibt eine erstklassige Lufteinsatzeinheit auf der Feuerwache 114 neben dem Flughafen Van Nuys. Die Fluglinie verfügt normalerweise über sieben Hubschrauber, die sowohl als Luftrettung als auch als Löschmittel einsatzbereit sind.

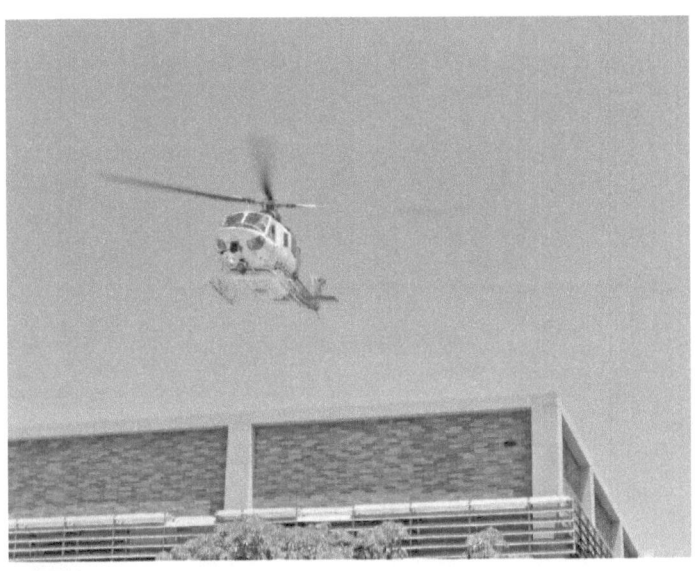

Nr 57

Bell 412EP, N304FD, von der Feuerwehr der Stadt Los Angeles verlässt den Hubschrauberlandeplatz Westwood (Ronald Reagan) (75CL) des UCLA Medical Center am 1. August 2006. Der Bell 412EP, ausgestattet mit Twin Pac PT6T-3D-Motoren, einem komplett aus Verbundwerkstoff gefertigten Vierblatt-Hauptrotorsystem, einem Zweiblatt-Heckrotor, einem Kufenfahrwerk und zwei automatischen Flugsteuerungssystemen, ist das tägliche Arbeitstier, das in einigen der extremsten Klimazonen der Welt Tag und Nacht zuverlässige Leistung bringt.

Musikbühne Kuchen

Der Unabhängigkeitstag, umgangssprachlich als 4. Juli bekannt, ist ein bundesstaatlicher Feiertag in den Vereinigten Staaten zur Erinnerung an die Ratifizierung der Unabhängigkeitserklärung durch den Zweiten Kontinentalkongress am 4. Juli 1776, mit der die Vereinigten Staaten von Amerika gegründet wurden.

Bildnachweis

No 1 Fire station no. 92, West Pico Blvd (Los Angeles)., 19 August 2024

https://commons.wikimedia.org/wiki/File:Fire_station_no_92,_West_Pico_Bld_(Los_Angeles).JPG

No 2 Firefighting ladder trucks in Los Angeles, February 05, 2007

https://commons.wikimedia.org/wiki/File:Firefighting_ladder_trucks.jpg

No 3 Firefighting vehicle North La Brea Avenue, 14 July 2023

https://commons.wikimedia.org/wiki/File:Firefighting_vehicle_North_La_Brea_Avenue_(July_2023).JPG

No 4 Firefighting vehicle. Figueroa Street, Los Angeles, 13 July 2022

https://commons.wikimedia.org/wiki/File:Firefighting_vehicle._Figueroa_Street_(Los_Angeles)_July_2022.jpg

No 5 Los Angeles City Fire Department firefighters in Mar Vista, Westside, 29 October 2009

https://commons.wikimedia.org/wiki/File:LA_City_Firefighters_Gear_Up.jpg

No 6 LAFD engine 11 at MacArthur Park on Alvarado Street. 18 October 2015

https://commons.wikimedia.org/wiki/File:LAFD_engine_11_Alvarado_2015-10-18.jpg

No 7 Los Angeles Fire Department Seagrave, 28 May 2018

https://commons.wikimedia.org/wiki/File:LAFD_Engine_203.jpg

No 8 LAFD E95 at KLAX, 25 July 2014

https://commons.wikimedia.org/wiki/File:LAFD_Engine_95.jpg

No 9 Los Angeles Fire Department (LAFD) ladder truck - no. 27. Vehicle is a 'tractor drawn aerial' with separate rear wheel steering. 15 July 2008

https://commons.wikimedia.org/wiki/File:Lafd_ladder_truck.jpg

No 10 LAFD USAR #5 located in Westchester/LAX Area in Los Angeles, 12 March 2011

https://commons.wikimedia.org/wiki/File:LAFD_USAR_-_5.JPG

No 11 Fire Chief LAFD 4, June 29, 2022

https://commons.wikimedia.org/wiki/File:Los_Angeles_Fire_Department_Battalion_5.jpg

No 12 Los Angeles Fire Department Engine 77 on scene of King Iron Works fire, 14 August 2020.

https://commons.wikimedia.org/wiki/File:Los_Angeles_Fire_Department_Engine_77_on_scene_of_King_Iron_Works_fire.jpg

No 13 Los Angeles Fire Department Heavy Rescue 3, 14 August 2020

https://commons.wikimedia.org/wiki/File:Los_Angeles_Fire_Department_Heavy_Rescue_3.jpg

No 14 LAFD Sheldon East at the scene of a structural fire, 14 August 2020

https://commons.wikimedia.org/wiki/File:Los_Angeles_Fire_Department_on_scene_of_structural_fire.jpg

No 15 LAFD welcome new members, August 20, 2015

https://commons.wikimedia.org/wiki/File:Los_Angeles_Fire_Department_Training_Engine_during_2015_graduation.jpg

No 16 2,500 Gallon Water Tender Apparatus 308 LAFD water truck, LAFD Suppert Services, 14 May 2011.

https://commons.wikimedia.org/wiki/File:Los_Angeles_Fire_Department_Water_Tank_88.jpg

No 17 Los Angeles Fire Department, 3 October 2014

https://commons.wikimedia.org/wiki/File:Los_Angeles_Fire_Dept_(15386213208).jpg

No 18 Photo from the Palisades Fire that started in the City of Los Angelas, 8 January

https://commons.wikimedia.org/wiki/File:Palisades_Fire_(54257382999).jpg

No 19 Los Angeles Fire Engine, 3 October 2014

https://commons.wikimedia.org/wiki/File:Los_Angeles_Fire_Engine_(15385993068).jpg

No 20 Photo from the Palisades Fire that started in the City of Los Angelas, 8 January

https://commons.wikimedia.org/wiki/File:Palisades_Fire_(54257390104).jpg

No 21 Fire dept, LA, 25 July 2015

https://commons.wikimedia.org/wiki/File:Fire_dept,_LA_(23963326949).jpg

No 22 Photo from the Palisades Fire that started in the City of Los Angelas, 8 January

https://commons.wikimedia.org/wiki/File:Palisades_Fire_(54257391994).jpg

No 23 LAFD, 24 August 2008

https://commons.wikimedia.org/wiki/File:LAFD_(2794852568).jpg

No 24 Photo from the Palisades Fire that started in the City of Los Angelas, 8 January

https://commons.wikimedia.org/wiki/File:Palisades_Fire_(54257567470).jpg

No 25 Los Angeles Fire Department American LaFrance, 28 May 2018

https://commons.wikimedia.org/wiki/File:LAFD_Truck_3_with_tiller.jpg

No 26 Photo from the Palisades Fire that started in the City of Los Angelas, 8 January

https://commons.wikimedia.org/wiki/File:Palisades_Fire_(54253577122).jpg

No 27 LAPD Sunday morning training in downtown Los Angeles, 27 February 1977

https://commons.wikimedia.org/wiki/File:Los_Angeles_City_FD_01-1977.jpg

No 28 Photo from the Palisades Fire that started in the City of Los Angelas, 8 January

https://commons.wikimedia.org/wiki/File:Palisades_Fire_(54254477196).jpg

No 29 Perce Fire Engine, 24 October 2012

https://commons.wikimedia.org/wiki/File:Los_Angeles_Fire_Dept._T15_(8201119660).jpg

No 30 Photo from the Palisades Fire that started in the City of Los Angelas, 8 January

https://commons.wikimedia.org/wiki/File:Palisades_Fire_(54254704913).jpg

No 31 Truck LAFD, West Hollywood, 8 July 2023.

https://commons.wikimedia.org/wiki/File:Truck_LAFD_(West_Hollywood)_July_2023.JPG

No 32 Photo from the Palisades Fire that started in the City of Los Angelas, 8 January

https://commons.wikimedia.org/wiki/File:Palisades_Fire_(54254706689).jpg

No 33 Catalina Islands, Califofrnia, May 11, 2007

https://commons.wikimedia.org/wiki/File:US_Navy_070511-N-4774B-054_Sailors_assigned_to_Assault_Craft_Unit_Five_(ACU)_5_assist_Los_Angeles_County_Fire_Department_in_delivering_their_firefighting_equipment_and_personnel_to_Catalina_Island.jpg

No 34 Los Angeles Fire Station 51, in Los Angeles, Universal Studios Hollywood, 1 May 2012

https://commons.wikimedia.org/wiki/File:Los_Angeles_Fire_Station_51_Universal-Studios.jpg

No 35 Los Angeles Fire Department truck on Western Avenue, 31 August 2007

https://commons.wikimedia.org/wiki/File:LOS_ANGELES_WESTERN_AVENUE_FIRE_DEPARTMENT_TRUCK_IMAGE_PATRICE_RAUNET_HOLLYWOOD.jpg

No 36 Photo from the Palisades Fire that started in the City of Los Angelas, 8 January 2025

https://commons.wikimedia.org/wiki/File:Palisades_Fire_(54254895365).jpg

No 37 Firetruck in Beverly Hills, California, 24 February 2012

https://commons.wikimedia.org/wiki/File:Beverly_Hills_Firetruck_1.JPG

No 38 Sheriff and Fire Department, 15 May 2008

https://commons.wikimedia.org/wiki/File:Sheriff_and_Fire_Department_(2496085544).jpg

No 39 Los Angeles County, CA, November 20, 2003 -- An L.A. County garage fire.

https://commons.wikimedia.org/wiki/File:FEMA_-_9168_-_Photograph_by_Jason_Pack_taken_on_11-20-2003_in_California.jpg

No 40 LAPD Urban Search and Rescue 103 in the city of Lakewood, 23 February 2008

https://commons.wikimedia.org/wiki/File:Los_Angeles_County_USAR_103.JPG

No 41 Los Angeles County, November 20, 2003 -- L.A. County after a house fire, 21 November 2003

https://commons.wikimedia.org/wiki/File:FEMA_-_9170_-_Photograph_by_Anjanette_Stayton_taken_on_11-21-2003_in_California.jpg

No 42 Photo from the Palisades Fire that started in the City of Los Angelas, 8 January 2025

https://commons.wikimedia.org/wiki/File:Palisades_Fire_(54256253882).jpg

No 43 Glendale Fire Department truck responding to a call. 18 January 2015

https://commons.wikimedia.org/wiki/File:Glendale_Fire_Department_truck_in_Burbank_2015-01-19.jpg

No 44 Speeding Los Angeles County Fire Department vehicle, June 7, 2015

https://commons.wikimedia.org/wiki/File:Speeding-fire-truck.jpg

No 45 Los Angeles County Fire Department respond to a medical aid call. 2 May 2008

https://commons.wikimedia.org/wiki/File:LA_County_Fire_Station_45_and_Care_Ambulance_response.JPG

No 46 Photo from the Palisades Fire that started in the City of Los Angelas, 8 January 2025

https://commons.wikimedia.org/wiki/File:Palisades_Fire_(54256258357).jpg

No 47 Los Angeles County Fire Department at Lankershim Boulevard., 5 November 2015

https://commons.wikimedia.org/wiki/File:LACFD_engine_7_and_swift_water_rescue_training_Lankershim_2015-11-15.jpg

No 48 Photo from the Palisades Fire that started in the City of Los Angelas, 8 January 2025

https://upload.wikimedia.org/wikipedia/commons/a/a2/Palisades_Fire_%2854256259302%29.jpgVermont

No 49 Firefighters change a flat tire on a Los Angeles County Fire Department Quint. 1 March 2008

https://commons.wikimedia.org/wiki/File:LACFD_Ladder_Flat_Tire.jpg

No 50   Los Angeles County Fire Engine 94 outside of its station in Lakewood, 30 January 2008

https://commons.wikimedia.org/wiki/File:Los_Angeles_County_Fire_Engine_94.JPG

No 51   Los Angeles County Fire Dept. Engine 23 in the city of Bellflower, 17 November 2007

https://commons.wikimedia.org/wiki/File:Los_angeles_county_fd_engine_23.jpg

No 52   Photo from the Palisades Fire that started in the City of Los Angelas, 8 January 2025

https://commons.wikimedia.org/wiki/File:Palisades_Fire_(54253583187).jpg

No 53   LA County Emergency Medical Service, 13 July 2022

https://commons.wikimedia.org/wiki/File:Los_Angeles_County_Fire_Department_Emergency_Medical_Service_1.jpg

No 54   LACoFD Lifeguard Rescue Vehicle Royal Palms State Beach, San Pedro, 25 October 2014

https://commons.wikimedia.org/wiki/File:Los_Angeles_County_Fire_Department_Ford_Escape_lifeguard_vehicle.jpg

No 55   Oshkosh Striker 3000 at Long Beach Airport, Los Angeles County. KLGB ARFF Rescue 3. 26 March 2009.

https://commons.wikimedia.org/wiki/File:Stryker_(3561270493).jpg

No 56   An Erickson S-64 Air-Crane Helicopter on lease to the Los Angeles Fire Department returns to Van Nuys Airport (VNY/KVNY) with its firefighting spray hose deployed, 17 September 2012

ommons.wikimedia.org/wiki/Category:Fire_engines_of_Los_Angeles#

No 57   Bell 412EP, N304FD, from Los Angeles City Fire Department is departing the UCLA Medical Center Westwood (Ronald Reagan) Heliport (75CL). 1 August 2006

https://commons.wikimedia.org/wiki/File:Bell_412EP_-_N304FD.jpg

4th of July

https://upload.wikimedia.org/wikipedia/commons/6/6d/Americanbandstand-1.jpg

https://commons.wikimedia.org/wiki/File:Burning_somewhere_-_panoramio.jpg

https://commons.wikimedia.org/wiki/File:Parade_with_Fire_Trucks_and_Ambulances.jpg

https://commons.wikimedia.org/wiki/File:4th_of_July_-_Redwood_City_Parade_-_Los_Trancos_Woods_Marching_Band_(2638036764).jpg

https://commons.wikimedia.org/wiki/File:USMC-100609-M-3215R-004.jpg

https://commons.wikimedia.org/wiki/File:Goat_enclosure_between_Drosopigi_and_Vachos_-_panoramio_-_macrolepis_(1).jpg

4. Juli Parade 2011

Der Unabhängigkeitstag wird üblicherweise mit Feuerwerken, Paraden, Grillfesten, Karnevalsveranstaltungen, Jahrmärkten, Picknicks, Konzerten, Baseballspielen, Familientreffen, politischen Reden und Zeremonien sowie verschiedenen anderen öffentlichen und privaten Veranstaltungen in Verbindung gebracht, bei denen die Geschichte, Regierung und Traditionen der Vereinigten Staaten gefeiert werden. Der Unabhängigkeitstag ist der Nationalfeiertag der Vereinigten Staaten

Parade zum Unabhängigkeitstag in Redwood City, 4. Juli 2008. Familien feiern den Unabhängigkeitstag oft, indem sie ein Picknick oder Barbecue veranstalten oder besuchen; viele nutzen den freien Tag und in manchen Jahren ein verlängertes Wochenende, um sich mit Familienmitgliedern oder Freunden zu treffen. In vielen Städten werden oft Paraden besucht, manche davon dauern stundenlang und haben viele Festwagen und Teilnehmer. Paraden finden oft am späten Vormittag (vor den Zusammenkünften) statt, längere Spektakel dauern manchmal bis in den frühen Nachmittag. Feuerwerke finden normalerweise abends an Orten wie Parks, Häfen, Booten, Sportstätten, Jahrmärkten, öffentlichen Küsten oder Stadtplätzen statt. [Zitat erforderlich] Dekorationen (z. B. Luftschlangen, Ballons und Kleidung) sind im Allgemeinen in den Farben Rot, Weiß und Blau, den Farben der amerikanischen Flagge, gefärbt, und viele Häuser und Geschäfte schmücken ihre Grundstücke mit Miniatur-Flaggen der USA.

Über die Autoren

Cristina Berna fotografiert und schreibt gern. Sie entwirft auch Designs und gibt Ratschläge zu Mode und Styling. Cristina schreibt, um ein vielfältiges Publikum zu unterhalten.

Eric Thomsen hat in den Bereichen Wissenschaft, Wirtschaft und Recht publiziert, Ausstellungen gestaltet und Konzerte organisiert.

Kontakt zu den Autoren

missysclan@gmail.com
Herausgegeben von www.missysclan.net

Cover:

Venice Beach - L.A. California 4 August 2013, 05:19

https://commons.wikimedia.org/wiki/File:04082013_-_Venice_Beach_-_L.A._California_(9591432967).jpg

Innen

Foto vom Palisades-Brand, der am 8. Januar in der Stadt Los Angeles ausbrach

https://commons.wikimedia.org/wiki/File:Palisades_Fire_(54257383389).jpg

Auch von den Autoren:

Fahrzeuge

Copenhagen vehicles – and a trip to Sweden
Construction vehicles picture book
Trains
American Fire Engines
American Fire Engines Vintage
und weitere Titel

Welt der Kuchen

Luxembourg – a piece of cake
Florida Cakes
Catalan Pastis – Catalonian Cakes
Andalucian Delight

Outpets

Deer in Dyrehaven – Outpets in Denmark
Florida Outpets
Birds of Play

Missy's Clan

Missy's Clan – The Beginning
Missy's Clan – Christmas
Missy's Clan – Education
Missy's Clan – Kittens
Missy's Clan – Deer Friends
Missy's Clan – Outpets
Missy's Clan – Outpet Birds
und weitere Titel

Weihnachtskrippen

Christmas Nativity – Spain
Christmas Nativities Luxembourg Trier
Christmas Nativity United States
Christmas Nativity Hallstatt
Christmas Nativity Salzburg
Christmas Nativity Slovenia
und weitere Titel

Weihnachtsmärkte

Christmas Market Innsbruck
Christmas Market Vienna
Christmas Market Salzburg
Christmas Market Slovenia
und weitere Titel

Welt der Kunst

Hokusai – 36 Views of Mt Fuji
Hiroshige 69 Stations of the Nakasendō
Hiroshige 53 Stations of the Tōkaidō
Hiroshige 100 Famous Views of Edo
Hiroshige Famous Vies of the Sixty-Odd Provinces
Hiroshige 36 Views of Mt Fuji 1852
Hiroshige 36 Views of Mt Fuji 1858
Joaquin Sorolla Landscapes
Joaquin Sorolla Beach
Joaquin Sorolla Boats
Joaquin Sorolla Animals
Joaquin Sorolla Portraits
und weitere Titel

Feuerwehrleute der Feuerwehr von Los Angeles löschen am 9. Juni während der 30. jährlichen Feuerwehrübung von Camp Pendleton einen Brand. Mehr als 350 Feuerwehrleute aus ganz Südkalifornien nahmen kürzlich an der Übung teil, bei der die Feuerwehrleute Teamarbeit üben und Stress simulieren konnten, indem sie Brände in einer kontrollierten Umgebung löschten.

Dies ist ein teurer Einsatz, der Ressourcen erfordert, die anderswo besser eingesetzt werden könnten.

Dienst zur Entfernung von hochentzündlichem Waldgestrüpp Der Einsatz von Ziegenherden zur Reduzierung und Vorbeugung von Waldbränden ist eine weitere Option für Brennstoffmanager. Ziegen fressen feuergefährdete Vegetation wie Eichengestrüpp und trampeln dabei Teile des Gebiets bis auf die Erde nieder – solche von Ziegen behandelten Gebiete können ein Feuer im Keim ersticken. Das Tolle an Ziegenherden ist, dass sie Gestrüpp in Fleisch und Ziegenmilch umwandeln, aus der Ziegenkäse hergestellt werden kann – eine teure Delikatesse. Auf diese Weise ist es möglich, öffentliche Ausgaben in eine Einnahmequelle umzuwandeln. Die Herden müssen verwaltet werden – möglicherweise durch den Einsatz von Auftragnehmern – und die Gebiete müssen ausgewiesen werden, beispielsweise durch Abtrennung von Wildtiergebieten und Brandschutzgürteln.

Amerikanische Feuerwehrautos

Cristina Berna und Eric Thomsen

4. Juli 2023

Amerikanische Feuerwehrautos Oldtimer

Cristina Berna und Eric Thomsen

4. Juli 2023

Amerikanische Feuerlöschboote

Cristina Berna und Eric Thomsen

2023

Amerikanische Krankenwagen

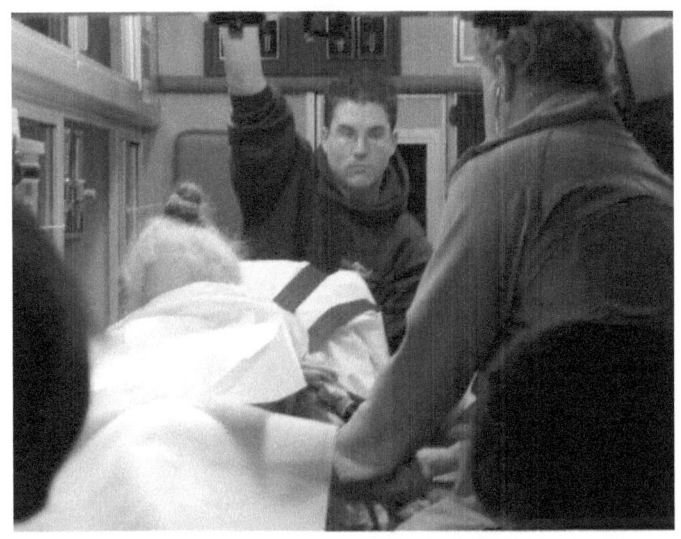

Cristina Berna und Eric Thomsen

2023

Amerikanische Polizeiautos

Cristina Berna und Eric Thomsen

2023

Amerikanische Polizeimotorräder

Cristina Berna und Eric Thomsen

2024

Los Angeles Palisades Bilderbuch zu den Bränden 2025

Cristina Berna und Eric Thomsen

2025

www.ingramcontent.com/pod-product-compliance
Lightning Source LLC
Chambersburg PA
CBHW030119010526
44116CB00005B/314